DE UITDAGINGEN VAN EEN NIEUWE BAAN AANGAAN

- **Problemen?** Wat zijn de sterke punten die moeten worden gecultiveerd en de valkuilen die moeten worden vermeden voor een succesvolle proefperiode?

- **Waarom?** Uw eerste maanden in een functie optimaliseren om snel legitimiteit te verwerven en uw toekomst in het bedrijf voor te bereiden.

- **Context?** Intrede in het beroepsleven, verandering van functie, hervatting van de activiteit.

- **FAQ** ?

  - Hoe bereid ik me voor op mijn nieuwe baan?

  - Hoe beheers ik mijn angst?

  - Wat draag je?

  - Hoe kom ik in de bedrijfscultuur?

  - Hoe krijg ik mensen zover dat ze de veranderingen die ik wil doorvoeren accepteren?

  - Wie moet ik vragen?

  - Op wie kan ik vertrouwen?

Of het nu gaat om een pas afgestudeerde, een pas aangeworven of een gepromoveerde werknemer, voor allen is de start van een baan een cruciale periode in hun beroepsleven. Aan het einde van deze eerste maanden is het wervingsproces echt voorbij, maar het is ook een periode die de toekomst van de werknemer in de organisatie voorspelt.

Ongeacht hoe het eerste contact tijdens de aanwerving is gelegd, is er vaak veel druk om een nieuwe baan te krijgen. Het is door de moeite te nemen om snel geloofwaardigheid te verwerven bij uw contacten dat u aanvaard en erkend zult worden in uw functie en dat u voldoende basis zult hebben om dingen te laten gebeuren. Om deze kostbare legitimatie te verkrijgen, is het beter enkele blunders te vermijden en de trucs te kennen waarmee u de verwachtingen van uw werkgever kunt begrijpen.

Net zoals de beroemde 100 dagen in de politiek, zijn de eerste maanden in een bedrijf cruciaal om zich te bewijzen en zijn aanwezigheid te rechtvaardigen. Wervingsbureaus, personeelsmanagers en bedrijfsleiders weten dat maar al te goed. Vandaar het belang van voorbereiding op de baan, bewust zijn van je nieuwe werkomgeving en je communicatie zo goed mogelijk beheren.

DE BASIS VAN EEN NIEUWE REKRUUT

Of u nu uit een periode van inactiviteit komt of twee banen achter elkaar werkt, u zult zich moeten voorbereiden op uw nieuwe taken. Deze voorbereiding zal verschillend zijn en aangepast aan uw situatie en profiel, maar het zou een grote vergissing zijn deze te verwaarlozen!

GOEDE VOORBEREIDING OP EEN OPERATIONELE AANKOMST

Het aanvaarden van een nieuwe functie vergt een grote persoonlijke investering. Wees bereid om veel uren op kantoor door te brengen: achter je computer, in vergaderingen of met je nieuwe collega's. Deze verhoogde aanwezigheid in de beginfase zal u in staat stellen de uitdagingen van de job te begrijpen, uw mission statement aan te passen aan de realiteit ter plaatse en een goed overzicht te krijgen van de werking van uw nieuwe onderneming. U moet zo geconcentreerd mogelijk zijn om alle officiële en niet-officiële informatie in u op te nemen, die beide essentieel zijn om u onder te dompelen in de cultuur van uw nieuwe bedrijf. Om deze marathon aan te kunnen, is het belangrijk fysiek uitgerust te zijn, er een gezonde levensstijl op na te houden en intellectueel en psychologisch beschikbaar te zijn om de nieuwe informatie op te nemen, te interpreteren en te analyseren.

Zoek in ieder geval informatie over uw nieuwe werkgever; zo voorkomt u dat u vragen stelt waarop u het antwoord misschien al wist. Lees de literatuur die je erover vindt. Wees nieuwsgierig! Sommige bedrijven geven een introductieboekje uit voor hun nieuwe werknemers. Neem dit document in u op, maar houd er rekening mee dat het een communicatiemiddel is waarbij een zekere mate van subjectiviteit niet kan worden uitgesloten.

Als u uit een periode van inactiviteit komt, kan het de moeite waard zijn om vóór de grote dag aan uw concentratie en geheugen te werken. Geheugen, puzzels, raadsels, mentale berekeningen, logische reeksen, enz. zijn allemaal gemakkelijke en leuke oefeningen die je trainen om efficiënter te zijn als het zover is. Geheugen, puzzels, raadsels, mentale berekeningen, logische reeksen, enz. zijn allemaal kleine, gemakkelijke en leuke oefeningen die u trainen om efficiënter te zijn wanneer u weer aan het werk gaat. Evenzo, als tijdens uw maandenlange jacht op een baan uw levenstempo chaotisch is geweest, kom dan snel weer in een regelmatig ritme en begin (weer) te sporten.

Als u daarentegen uw vorige baan opvolgt, probeer dan ten minste een maand pauze te nemen tussen uw twee contracten. Dit geeft je de tijd om na te denken over je vorige baan, na te denken over je verwachtingen voor je nieuwe baan en je batterijen op te laden. Profiteer van deze vrije tijd om te breken met je vorige baan. Je kunt de positieve punten van je laatste ervaring opschrijven, maar ook de minder positieve. Door de bladzijde om te slaan van die beroepsperiode die nu tot het verleden behoort, kunt u met een frisse blik aan uw nieuwe activiteit beginnen. Het is nooit een goed idee om een nieuwe baan te beginnen met heimwee naar je vorige baan. De IT-instrumenten, processen of managementmethoden van uw nieuwe werkomgeving vergelijken met uw vorige baan is niet de beste manier om uw aanwerving te legitimeren.

ACTIEF LUISTEREN VOOR EEN GESLAAGDE INTEGRATIE

De eerste stap om uw geloofwaardigheid te vestigen is uzelf te integreren in uw nieuwe bedrijf. Let daarvoor goed op je nieuwe werkomgeving en luister naar alle kleine signalen die op je afkomen. Kortom, probeer te begrijpen waar je aan begint!

Let natuurlijk op alles wat uitdrukkelijk wordt gezegd, uitgelegd en aan u wordt toevertrouwd. Wees niet bang om aantekeningen te maken, zelfs als dat betekent dat je alles moet opschrijven. Zorg ervoor dat u ze goed organiseert en dagelijks herleest; het doel is ervoor te zorgen dat ze gemakkelijk toegankelijk en begrijpelijk zijn en dat er geen grijze gebieden overblijven. Als sommige elementen onduidelijk of onvolledig zijn, durf het dan aan je nieuwe collega's te vragen. Het is volkomen normaal om vragen te stellen als je nieuw bent!

Naast al deze officiële aanwijzingen is er ook onofficiële informatie, die vaak moeilijker te onderscheppen is, maar toch even essentieel als u uw plaats in het bedrijf wilt vinden. Wat zijn de relationele banden in het team? Wat zijn de koffiepauze- en lunchgewoonten? Wie lijkt bijzonder ver van je af te staan? En zo verder. Door uw nieuwe werkomgeving actief te observeren, kunt u de mensen herkennen die u vertrouwt, aan wie u vragen kunt stellen, op wie u kunt leunen, maar ook degenen die invloedrijk of meer politiek zijn. Door te luisteren naar de cultuur van uw bedrijf, maar ook van elk van uw gesprekspartners, kunt u hun verwachtingen begrijpen en analyseren. Deze stap is essentieel om uw geloofwaardigheid op te bouwen. Aangezien geloofwaardigheid een volledig subjectief verschijnsel is, wordt zij immers door individuen toegekend volgens hun eigen verwachtingen. Iedereen zal een geloofwaardige persoon aanwijzen volgens zijn eigen verwachtingen en behoeften.

SLIMME COMMUNICATIE VOOR ERKENDE VAARDIGHEDEN

Het kan niet vaak genoeg gezegd worden dat kunnen communiceren een belangrijke troef is voor succes. U kunt alle vaardigheden en ervaring hebben, maar als u uw kennis en sterke punten niet goed overbrengt, zal het moeilijk zijn om door te breken.

Zorg voor je uiterlijk

Al in de 1ste eeuw na Christus begreep Quintilianus, een professor in de retorica in Rome, het belang van het uiterlijk. Quintilianus, een professor in de retorica in Rome, begreep het belang van het uiterlijk toen hij zijn studenten leerde: "*Vestis virum reddit*" ("Kleren maken de man"). A *fortiori*, in een beeldmaatschappij is de eerste indruk doorslaggevend. Kies daarom kleding die past bij uw functie en waarin u zich prettig voelt. Verwaarloos uw handen en kapsel niet, en let vooral op uw houding. Merk op hoe iemand die rechtop staat, glimlacht en niet bang is om mensen in de ogen te kijken, professionaliteit, sympathie en vertrouwen inboezemt. Al deze kleine uiterlijke kenmerken geven u een algemeen voorkomen dat uw collega's graag zullen analyseren om te proberen u te identificeren. Vergeet niet dat het gemiddeld drie seconden duurt om een oordeel over een persoon te vellen en dat meer dan de helft van dit oordeel gebaseerd is op het uiterlijk.

 **KLEIN PLUSPUNT**

Pas op hoe je je kleedt aan tafel. Als je baas je vraagt om met hem of haar te lunchen, is dat niet noodzakelijk (alleen) voor de gezelligheid en het informele aspect van een ontmoeting buiten het bedrijfsterrein.

Stel jezelf voor

Als u niet iemand hebt toegewezen gekregen die u in het bedrijf kan introduceren en u een rondleiding door de afdelingen kan geven, vraag dan om uw nieuwe collega's te ontmoeten of neem het initiatief daartoe. Wees glimlachend, beleefd en hartelijk tegen iedereen, van het schoonmaakpersoneel tot de CEO. Onthoud zoveel mogelijk ieders voornaam en als uw geheugen u in de steek laat, vraag dan de persoon wiens naam u bent vergeten zich voor te stellen zodra u hem of haar weer ontmoet. Wacht niet, anders kun je de vraag niet zonder gêne stellen!

 **Tip**

Teken een plattegrond van het pand waarop u de locatie van de kantoren met de identiteit van elke bewoner aangeeft. Voeg eventueel een korte beschrijving of opmerking toe die u helpt uw nieuwe collega's te onthouden: "lange donkerharige jongen die u bij de koffieautomaat ontmoette", "kleine blonde met rode bril", enz.

Natuurlijk, wees voorzichtig en laat het niet rondslingeren zodat iedereen het kan zien. Stop het weg bij je spullen zodat niemand anders dan jij erbij kan.

Verwaarloos de toon waarop u uw mening geeft of uw presentaties geeft niet. Wees zelfverzekerd, communiceer vastberaden en dynamisch. Iemand die vertrouwen wekt en energie overbrengt, heeft het vermogen om teams te motiveren! Dit is een nuttig en gewild bezit.

Wees positief

Kritiek heeft nooit geholpen en zal u niet helpen om erkend te worden in uw positie. Een positieve en enthousiaste houding is juist constructief. Dit betekent niet dat u geen wijzigingen mag voorstellen, integendeel. Begin met te wijzen op de goede dingen die al bestaan, waardoor u een aandachtig en welwillend oor krijgt van uw gesprekspartner, die dan bereid zal zijn voorstellen voor verbetering te aanvaarden.

Voorzichtigheid en initiatief combineren

Het is niet gemakkelijk de juiste toon te vinden om je werk te promoten zonder jezelf naar voren te schuiven en het risico te lopen als een "betweter" te worden gezien. Het is echter essentieel om bescheiden en voorzichtig te blijven en tegelijkertijd vrij snel voorstellen te doen en initiatieven te nemen. Kortom, je moet zichtbaar zijn, maar niet te zichtbaar.

Probeer niet te snel de aandacht van de hiërarchie te trekken. Dingen overhaasten is geen goede strategie. Integreer uzelf in uw team, in de afdelingen waarmee u zult moeten samenwerken, en maak uzelf bekend zodra u niet alleen volledig operationeel bent, maar vooral een schepper van toegevoegde waarde. Het is wanneer je het beroemde break-even punt hebt bereikt, het punt waarop je toegevoegde waarde levert aan je werkgever, dat het de moeite waard kan zijn om je te laten opmerken.

Gebruik duidelijke taal

> *"Wat goed begrepen wordt, wordt duidelijk gezegd,*
>
> *En de woorden om het te zeggen komen gemakkelijk.*
>
> *Nicolas Boileau (1636-1711)*

Goede communicatie betekent dus ook dat je laat zien dat je niet alleen de verwachtingen van je werkgever en de zaken die in de projecten spelen hebt begrepen, maar dat je ook in staat bent de informatie die je hebt gekregen te structureren en te organiseren. Jezelf duidelijk en relevant uitdrukken is een grote kracht en een kwaliteit die door ondergeschikten en collega's, maar ook door meerderen wordt gewaardeerd.

Verwaarloos ook uw schriftelijke communicatie niet. Beantwoord uw e-mails snel, met een onderwerpregel als u dat nog niet hebt gedaan, en een handtekening aan het einde van het bericht, zodat u gemakkelijk bereikbaar bent. Organiseer uw vergaderingen met een begin- en eindtijd, een locatie en een agenda. Gebruik in uw verslagen en notulen korte zinnen en opsommingen; een dergelijke presentatie is minder tijdrovend voor de lezer en maakt het gemakkelijker om de inhoud te assimileren.

Een tussentijds gesprek aangaan

Na een maand aanwezigheid op het terrein is het verstandig om een gesprek aan te vragen met je lijnmanager (N+1) om een eerste evaluatie van je werk te maken, te benadrukken wat je hebt bereikt, gebieden aan te wijzen die voor verbetering vatbaar zijn en je verwachtingen voor de komende weken en maanden uit te spreken. Deze bijeenkomst is wenselijk, want zo kunt u zich nog meer motiveren voor het tweede deel van deze marathon, maar ook uw strategie eventueel aanpassen om alle kansen aan uw kant te zetten om uw toekomst in het bedrijf veilig te stellen. Als je lijnmanager niet het initiatief neemt om deze bijeenkomst te organiseren, durf er dan om te vragen. Dit verzoek kan niet verkeerd geïnterpreteerd worden; het toont uw betrokkenheid en uw wil om het goed te doen.

 **KLEIN PLUSPUNT**

In het geval van duaal management, vraag om door beide managers te worden ontvangen. Ook in het geval van een e-mailwisseling moeten uw beide superieuren de ontvangers van het bericht zijn.

ENKELE BIJZONDERHEDEN

De allereerste baan

Gisteren was je nog student en nu sta je met beide benen in het bedrijfsleven. Er zijn twee valkuilen die we moeten vermijden:

- overmoed, vooral als je bent afgestudeerd aan een topschool of universiteit. Je hebt misschien een goed diploma, maar je moet nog veel leren, en de mensen om je heen hebben meestal veel meer ervaring dan jij. Je werkgever zal het waarderen als je niet arrogant bent, als je vragen stelt en als je je fouten accepteert, zodat je je kunt verbeteren;

- gebrek aan zelfvertrouwen. Devalueer jezelf niet. U hebt misschien niet veel werkervaring, maar als u voor de baan bent geselecteerd, is dat omdat u gekwalificeerd bent. Je verdient deze baan en je hoort hier thuis. Uw leergierigheid, uw jeugdigheid en uw energie zijn waardevolle en gewilde kwaliteiten. Weet hoe je ze kenbaar maakt.

De managementpositie

Als u een team leidt, is het absoluut noodzakelijk dat u de tijd neemt om iedereen individueel te ontmoeten. Maak vroegtijdig een planning en verstuur de bijbehorende afspraakverzoeken.

Zich bewust zijn van eventuele geschillen of relatieproblemen binnen de groep. Indien mogelijk is een ontmoeting, zelfs een snelle, met uw voorganger waardevol. Als een van de leden van het team een oogje had op jouw positie, is het beter om dat snel uit te zoeken. De eerste contacten kunnen ingewikkeld zijn, dus het is het beste daarop voorbereid te zijn om te proberen de weg te effenen.

Wees vriendelijk en hartelijk, maar kies in het begin voor een enigszins rigide managementstijl, ook al betekent dat later ontspanning, in plaats van flexibel te zijn en later opnieuw te moeten focussen. Dit zou voor niemand prettig zijn.

Ten slotte, om uw geloofwaardigheid vanaf het begin te bevestigen, verkiest u concrete en korte acties boven grootschalige projecten. Met deze strategie kunt u met uw team snel kleine overwinningen boeken.

 **KLEIN PLUSPUNT**

Vergeet niet dat iemand die zich gewaardeerd en erkend voelt, gemotiveerder en over het algemeen gemakkelijker te managen is. Aarzel dus niet om de voornaam van de persoon te gebruiken om hem te bedanken of hem een opdracht te geven. Een "Bedankt Peter" is veel waardevoller dan een simpel "Bedankt".

Als u de manager wordt van uw voormalige collega's, moet u in deze situatie een aantal fouten vermijden:

- niet je nieuwe status aannemen en je nieuwe team verzekeren dat deze benoeming niets zal veranderen. Er is geen betere manier om uw autoriteit als manager te vestigen, geloofwaardig te zijn en dingen te laten gebeuren!

- favoritisme tonen. Natuurlijk hebt u het recht om uw vriendschappen te onderhouden en te koesteren, maar op het werk moet u eerlijk en onpartijdig zijn tegenover uw teamleden;

- vergeten een zekere reserve aan te nemen. Gisteren kon je nog zeer kritisch zijn over het beleid van het bedrijf of het gedrag van de manager. Nu kun je het je niet meer veroorloven om dezelfde opmerkingen te maken over je superieuren, die verwachten dat je ondersteunend bent.

Verlenging van de proefperiode

Uw proefperiode kan worden verlengd als deze mogelijkheid uitdrukkelijk in uw arbeidsovereenkomst is opgenomen. Als uw werkgever besluit deze clausule toe te passen, geen paniek! Dit is het beleid dat veel organisaties tegenwoordig voeren. U moet bedenken dat als de arbeidsmarkt ingewikkeld is voor u als werknemer, hij ook ingewikkeld is voor bedrijven. In een moeilijke economische context beheerst uw hiërarchie niet noodzakelijk de belangen en doelstellingen van de onderneming op de min of meer lange termijn en is daarom voorzichtigheid geboden. Dus verlies je vertrouwen in jezelf niet! Integendeel, blijf bewijzen dat je een kans bent voor je recruiter en dat je dingen kunt laten gebeuren, waarbij je altijd bescheiden en positief blijft. Mis deze kans echter niet om een gesprek met je baas aan te vragen om de positieve punten en verbeterpunten te achterhalen.

FAQ

HOE BEREID IK ME VOOR OP MIJN NIEUWE BAAN?

Fysieke voorbereiding

Neem een gezonde levensstijl aan, inclusief sport indien mogelijk. Uitgerust en energiek deze drukke periode tegemoet treden kan u alleen maar ten goede komen. Het aannemen van een gezonde levensstijl zal u helpen om op lange termijn te overleven.

Mentale voorbereiding

De balans opmaken van uw laatste beroepservaring en beseffen dat een bladzijde wordt omgeslagen wanneer u aan een nieuwe baan begint, is een fundamentele stap op weg naar succes. Dankzij dit werk aan jezelf zal je geest volledig beschikbaar zijn voor je nieuwe missie. U kunt dan voortbouwen op uw sterke punten en deze nieuwe situatie met een frisse blik analyseren om een echte toegevoegde waarde te bieden.

HOE BEHEERS IK MIJN ANGST?

Vergeet niet dat als u bent gekozen, dat is omdat u over de vereiste vaardigheden en kwaliteiten beschikt. Er is momenteel geen tekort aan kandidaten! U bent geselecteerd omdat u DE juiste persoon bent voor de baan.

Heb vertrouwen in jezelf! "Als je vertrouwen hebt in jezelf, zul je anderen vertrouwen geven", zei Goethe (Duitse schrijver, 1749-1832) in *Faust*.

WAT DRAAG JE?

Aangezien de eerste indruk cruciaal is, is het verstandig speciale zorg te besteden aan uw kleding. Als uw baan direct contact met klanten inhoudt, kies dan formele kleding, een pak met stropdas voor een man, een pak voor een vrouw. Als u niet weet wat de dresscode van uw nieuwe bedrijf is, denk dan aan wat uw recruiters droegen tijdens sollicitatiegesprekken, maar ook aan het personeel dat u ontmoette of zag tijdens uw bezoeken aan het pand.

Moet ik u eraan herinneren dat jeans met gaten en sportschoenen moeten worden vermeden, evenals diepe decolletés en te korte rokjes voor de dames? Het is altijd beter om overdressed te zijn dan underdressed, en sommige felle kleuren moeten worden vermeden – behalve in kleine accenten. Tot slot, ga er niet van uit dat vrijdag *casual is*. Wacht en zie wat de gewoontes zijn.

HOE KOM IK IN DE BEDRIJFSCULTUUR?

Kiezen voor actief luisteren is de beste manier om de codes van de structuur te integreren. Besteed aandacht aan de gewoonten en gebruiken van uw team. Hoe laat komen de werknemers op kantoor? Wanneer verlaten ze hun werkplek? Nemen ze pauzes? Wat zijn de gewoonten wat betreft beleefdheid of informaliteit?

Wees ook attent en reactief om de geldende werkinstrumenten en processen zo snel mogelijk onder de knie te krijgen. Jezelf vertrouwd maken met de gebruiken is het eerste wat je moet doen als je door iedereen geaccepteerd wilt worden. Het is niet op deze aspecten van omgangsvormen en gedrag dat u zich moet onderscheiden.

HOE KRIJG IK MENSEN ZOVER DAT ZE DE VERANDERINGEN DIE IK WIL DOORVOEREN ACCEPTEREN?

Het is door een kracht van voorstel en initiatief te zijn dat u positief zal worden opgemerkt. Wees daarom altijd positief! U kunt verbeteringen in de dagelijkse werkzaamheden of koerswijzigingen voor grootschalige projecten voorstellen, op voorwaarde dat u altijd waarde hecht aan wat al gedaan is. Voortbouwen op de reeds bestaande positieve en succesvolle elementen is een basisprincipe om gehoord te worden door uw werknemers. Positief zijn is een zeldzame en vrij algemeen gewaardeerde kwaliteit; het is een van de belangrijkste sleutels tot het opbouwen van geloofwaardigheid.

WIE MOET IK VRAGEN?

Uw directe chef is het best geplaatst om uw vragen te beantwoorden en het is volkomen terecht dat u zich tot hem of haar wendt. Deze persoon was betrokken bij uw aanwerving, stelt uw doelstellingen vast en nodigt u uit voor uw jaarlijkse beoordelingsgesprekken. U moet niet bang zijn om vragen te stellen; het is normaal dat u bij aankomst in een nieuwe functie niet alles weet en

verduidelijking nodig hebt. Bedenk dat je baas er even-
veel belang bij heeft als jij dat het werk goed verloopt.
Hij of zij heeft genoeg tijd en geld in uw werving geïn-
vesteerd om te willen dat het een succes wordt.

OP WIE KAN IK VERTROUWEN?

Ook hier zijn observatie en luisteren cruciaal om
betrouwbare mensen te identificeren. Deze moeten worden onderscheiden van mensen met invloed en van
mensen die je lijken te vertrouwen door veel te praten.
In het algemeen: let op wat u wordt verteld, aarzel niet
om zaken met betrekking tot uw werk te bespreken,
maar geef uw privéleven niet prijs. Je bent aan het werk,
niet in een vriendenkring! Bedenk ook dat er minder
concurrentie kan zijn met een collega in een naburige
afdeling dan met een collega met wie u samenwerkt.
Soms is het veiliger de eerste te vragen naar gevoelige
onderwerpen.

TOP TIPS

- **Anticiperen.** Je voorbereiden op het aanvaarden van je nieuwe functie betekent dat je alles op alles moet zetten om vanaf D-day operationeel en reactief te zijn en zoveel mogelijk tijd te kunnen besteden aan je nieuwe professionele uitdagingen.

- **Zorg voor je imago.** Kleding, houding, mondelinge uitdrukking, niets mag worden verwaarloosd. Uw collega's zullen hun eerste oordeel vellen op basis van deze eerste indruk. Als dit beeld negatief is, zal het je lang bijblijven.

- **Wees positief.** Bekijk het van de zonnige kant, wijs op de effectieve acties die zijn ondernomen, de efficiente hulpmiddelen die al in de organisatie aanwezig zijn, en glimlach. Een positieve houding en gemoedstoestand zijn constructief; zij scheppen een klimaat van vertrouwen en motivatie.

- **Wees georganiseerd.** Berg de documenten die u krijgt meteen op, laat geen rommel achter op uw bureau en toon deze heldere en georganiseerde geest in uw e-mails en wanneer u spreekt. Breng ook structuur aan in het maken van notities. U moet in korte tijd veel informatie opnemen; als die georganiseerd is, zult u die gemakkelijker assimileren en terugvinden.

- **Wees discreet.** Pronk niet met je laatste professionele successen of je privéleven. Aandachtig luisteren is veel beter dan onophoudelijk kletsen.

- **Luister, analyseer, noteer.** De cultuur van uw bedrijf opsnuiven is het eerste wat u moet doen als u fouten wilt vermijden. Sla geen stappen over door direct betrokken te willen zijn bij het uitvoeren en uitspreken; dit aandachtig luisteren is essentieel om vervolgens gerichte en impactvolle acties te kunnen uitvoeren.

- **Stel prioriteiten.** Er zullen zeker veranderingen komen; het is zelfs deels vanwege de nieuwigheid die u zult brengen dat u bent aangeworven en zult worden geëvalueerd. Streef naar snelle en zichtbare verbeteringen in de eerste maanden. Dit is een effectieve manier om acceptatie te krijgen en geloofwaardigheid op te bouwen, zodat u op de lange termijn verdergaande maatregelen kunt nemen.

- **Communiceer!** Durf vragen te stellen, vraag om opheldering en advies. De sleutel is te weten hoe je dingen moet presenteren en te vertrouwen op de juiste mensen.

- **Weet hoe je jezelf moet omringen.** Zoek de mensen die je vertrouwt, de invloedrijke medewerkers, de collega's die je absoluut moet overtuigen om verder te komen in het bedrijf. Een team opbouwen, een netwerk creëren, kunnen vertrouwen op betrouwbare persoonlijkheden is een kostbaar goed voor vooruitgang.

- **Heb vertrouwen in jezelf!** Niemand zal je belangrijke opdrachten of vlaggenschipprojecten geven als je aan jezelf en je vaardigheden twijfelt. "Zelfvertrouwen is het eerste geheim van succes", zei de Amerikaanse filosoof en schrijver Emerson (1803-1882).

HET IS AAN JOU!

ANTICIPATIE EN VOORBEREIDING

Om een pauze in te lassen tussen uw twee banen en na te denken over wat u van uw nieuwe baan verwacht, kan het opstellen van overzichtstabellen een interessante oefening zijn.

In een eerste tabel geeft u aan de ene kant de positieve punten van uw laatste beroepservaring aan, en aan de andere kant de negatieve punten. Voor elk punt dat als negatief wordt beschouwd, moet u proberen na te gaan wat uw aandeel in de verantwoordelijkheid is: technische fout, slecht begrip van de situatie, gebrek aan communicatie, enz.

Een andere tabel toont de overeenkomsten en verschillen tussen je oude baan en de baan die je net hebt gekregen. Kom zoveel mogelijk te weten over je nieuwe werkgever en analyseer je functieomschrijving grondig om je zo goed mogelijk op de baan voor te bereiden. Zo weet u vóór de grote dag wat uw sterke punten zijn, wat u beheerst, welke gebieden onduidelijk zijn en welke aspecten verbeterd moeten worden. Door u bewust te worden van mogelijke toekomstige moeilijkheden, kunt u deze identificeren en u erop voorbereiden.

NOTITIE NEMEN

Zorg ervoor dat je alle informatie die je krijgt of onderschept, maar ook de ideeën die je vanaf de eerste dag hebt, opschrijft. Natuurlijk zult u ze niet meteen kunnen verwoorden: uw eerste taak bij het aanvaarden van uw functie is luisteren en vragen stellen. Profiteer echter van deze frisse blik om uw eerste waarnemingen en inspiraties op papier te zetten. Als u eenmaal ondergedompeld bent in de bedrijfscultuur, zult u zien of deze schetsen ontwikkeld of vergeten moeten worden.

Pak een schrift en verdeel het in verschillende subsecties.

- **Opleiding**: alles wat je leert over je job en je opdracht, inclusief de doelstellingen, de taken, de mensen met wie je zal samenwerken. Als u een opleiding kunt bedenken die u nodig hebt om uw werk te doen of om het effectiever te doen, schrijf die dan ook op.

- **Vragen**: de vragen die in je opkomen, en een vermelding van wie ze te stellen.

- **Ideeën voor verbeteringen of ontwikkelingen.**

- **To do list**: schrijf, in bulk en zodra ze in je opkomen, alle taken op die je kunt bedenken, zonder te vergeten ze achteraf te organiseren en te plannen.

EIGENWAARDE EN GELOOFWAARDIGHEID

Als zelfrespect alleen afhangt van de visie die we van onszelf hebben volgens ons persoonlijke raster, wordt geloofwaardigheid toegekend door de mensen om ons heen volgens hun eigen criteria. Dus alleen door aan onszelf te werken kunnen we een goed niveau van zelfvertrouwen verwerven, wat een essentiële, maar niet voldoende voorwaarde is voor anderen om ons als geloofwaardig te beoordelen. Om dit proces te voltooien zal het ook nodig zijn te luisteren naar de mensen om ons heen om het leesrooster van onze collega's te begrijpen.

Deze parameter is een belangrijke factor voor professioneel succes, dus maak er actief gebruik van! Werk daarom aan uw geloofwaardigheid zodra u in uw nieuwe bedrijf aankomt. Noteer daartoe de volgende informatie in een tabel en werk deze zo snel mogelijk bij. Het idee om onmiddellijk met dit werk te beginnen is om het risico te vermijden dat u uw legitimiteit verliest nog voordat u uw strategie hebt vastgesteld.

OM VERDER TE GAAN

BIBLIOGRAFISCHE BRONNEN

ANGUENOT (Fabrice), "Managers, préparez bien votre prise de poste", in *Lettreducadre.fr*, november 2014, geraadpleegd op 26 maart 2016. http://www.lettreducadre.fr/10113/bien-manager-quelques-notions-pour-preparer-sa-prise-de-poste/

CHANTREL (Yan), "Réussir son arrivée dans l'entreprise", in *Carriereonline.com*, geraadpleegd op 26 maart 2016. http://www.carriereonline.com/e/reussir-son-arrivee-dans-l-entreprise.html

DEVINAT (Antoine), "Accroître sa crédibilité, une condition essentielle à la réussite d'un gestionnaire", in *PortailRH.org*, geraadpleegd op 26 maart 2016. http://www.portailrh.org/gestionnaire/fiche.aspx?p=461156

RETO (Tiphaine), "Les six clés pour réussir son intégration en entreprise", in *Cadremploi.fr*, juni 2011, geraadpleegd op 26 maart 2016. http://www.cadremploi.fr/editorial/conseils/conseils-carriere/detail/article/les-six-cles-pour-reussir-son-integration-en-entreprise.html

WATKINS (Michael), *90 dagen om te slagen in je nieuwe baan*, tweede editie, Frankrijk, Pearson, 2013.

AANVULLENDE BRONNEN

DESHARNAIS (René), *Tout est une question de crédibilité*, Québec, Les éditeurs réunis, 2010.

MENNECHET (Armand), *Réussir sa période d'essai*, Parijs, Studyrama, 2008.

We horen graag van u! Laat
een reactie achter op jouw online bibliotheek
en deel je favoriete boeken op social media!

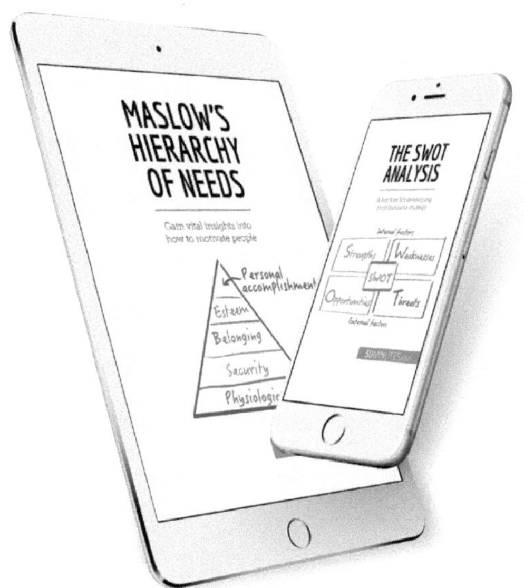

IMPROVE YOUR GENERAL KNOWLEDGE

IN THE BLINK OF AN EYE !

www.50minutes.com

Master ISBN: 9782808604734
Papier ISBN: 9782808605946
Wettelijk depot: D/2023/12603/21

Digitaal ontwerp: Primento,
de digitale partner van uitgevers.